호박꽃나라

리토피아시인선 · 65
흰빛꽃나라

인쇄 2013. 8. 26 발행 2013. 8. 31
지은이 장종권 펴낸이 정기옥
펴낸곳 리토피아
출판등록 2006. 6. 15. 제2006-12호
주소 402-013 인천 남구 경인로 77
전화 032-883-5356 전송032-891-5356
홈페이지 www.litopia21.com 전자우편 litopia@hanmail.net

ISBN-978-89-6412-036-1 03810

값 8,000원

*「이 도서의 국립중앙도서관 출판시도서목록(CIP)은 서지정보유통지원시스템 홈페이지(http://seoji.nl.go.kr)와 국가자료공동목록시스템(http://www.nl.go.kr/kolisnet)에서 이용하실 수 있습니다.(CIP제어번호: CIP2013015617)」
* 이 시집은 인천문화재단 문화예술사업의 일환으로 제작되었습니다.

장종권 시집
한밤 꽃나라

시인의 말

본래 혼돈이었다.
논리는 위장이었으며,
먹어서는 안 되는 썩은 고깃덩어리였다.
저 혼돈 속에서 쏟아져 나오는 무한 에너지,
그에 비하면 그 무엇도 결국에는 아무 것도 아니다.
질서의 얼굴로 우스꽝스럽게 피고 있는 꽃들,
속에서 나 역시 부끄러운 얼굴로 핀다.

2013년 8월
장종권

차례

제1부 꽃의 비명

오늘이라는 낙원	15
꽃의 비명	16
생굴 밥상	17
요즘의 달	18
기억의 기차	20
호박꽃 이야기 · 4	21
호박꽃나라 · 6	22
사과를 위하여	23
아버지의 집	24
왕쥐 선생	25
미나리꽝 미나리꽃	26
미나리꽃	27
낯선, 혹은 낯익은	28
소리 되는 소리	29
강아지나라 · 1	30
꽃들의 거래	32
개나리꽃이 피었습니다	33
을왕리	34
아내의 방귀	36

제2부 **구호의 나라**

만화·1	39
만화·2	40
여름 한낮	41
베스트 셀러	42
토끼해에·1	44
토끼해에·2	46
비	47
멜이라고 하는 것	48
구호의 나라	50
歷史는 歷事이다	51
새들은 언제나 아픈 잠을 잔다	52
아는 것이 힘이다	53
봄의 나라·1	54
봄의 나라·2	55
봄의 나라·3	56
홍시紅枾	57
여름, 바다로 가는 꽃들	58
다대포의 봉숭아꽃	59
달빛	60

제3부 사냥개

숲속의 사냥꾼	63
텃새	64
사냥개	66
칼	67
다리가 있는 마을	68
혼자여	69
아닌 말씀	70
집과 사냥개	72
내장산 단풍	73
피라미	74
전설	76
虎兎傳·1	78
虎兎傳·2	80
虎兎傳·3	81
虎兎傳·4	82
망민	84
금방의 불	85
강력한 그	86
자나깨나 통일	88

제4부 **알춤달춤**
    강아지나라・2   *91*
    꿀밤   *92*
    기차   *93*
    꽃잎은 꽃잎끼리   *94*
    본다   *95*
    감자밭   *96*
    오월의 밤   *97*
    알춤달춤   *98*
    첫닭 우는 소리   *99*
    꽃의 꿈   *100*
    썩은 꽃   *101*
    바람 부는 날・1   *102*
    바람 부는 날・2   *103*
    당신의 칼   *104*
    몸을 떠나는 생각・1   *105*
    몸을 떠나는 생각・2   *106*
    몸을 떠나는 생각・3   *107*
    몸을 떠나는 생각・4   *108*
    몸을 떠나는 생각・5   *109*

해설/**백인덕**
    '꽃날'과 '칼잎'으로 자른 시: '사이'의 유령들 *113*

| 제1부 |

꽃의 비명

오늘이라는 낙원

누가 이중섭을 산 채로 십자가에 매달았을까.
황금 제단에 탐스러운 천도화를 놓아두었을까.
보는 이마다 간절하게 낙원으로 끌고 갔을까.
망우리 그의 하얀 비석에는 이끼도 자라지 않아
빈 무덤에 이름 없는 들꽃들만 무더기로 피어
흘러가던 구름도 궁금하면 때때로 돌아보지.
누가 이중섭을 산채로 십자가에 매달았을까.
눈먼 민중들에게는 어떤 비명도 들리지 않아.
파도 소리에 귀 막고 등 돌려 벼랑으로 가네.
벼랑 끝 도열한 십자가는 오늘도 경매가 한창이고,
경매가 끝나면 또 다른 이중섭이 십자가로 가네.
얼굴 다른 이중섭이 도살장 소처럼 끌려가네.
보는 이마다 낙원으로 향하라 시든 꽃비 내리네.

꽃의 비명

떨어지는 별똥별은 소리가 없다.
시드는 꽃 역시 소리가 없다.

떨어지는 별똥별의 소리가 없겠느냐.
시드는 꽃의 비명이 없겠느냐.

소리는 소리마다 얼굴이 달라서
다만 없는 듯이 시늉하는 것이다.

생굴 밥상

그의 눈은 갯펄에서 막 캐낸 생굴에서 처음 뜬다.
생글생글 생굴을 헤집고 나오는 그의 눈빛은
갯펄을 밀어내며 쳐들어오는 파도를 닮아있다.
돌아오는 갈매기의 날개를 타고 더 먼 바다를 꿈꾼다.
그의 눈 속으로 아침해가 떠올랐다가 하늘로 사라지고
그의 눈 속으로 벌거벗은 아이들이 달려들다가 잠을 자고,
미래가 있거나 말거나, 꿈을 꾸거나 말거나,
바다가 놀거나 말거나, 갈매기가 지치거나 말거나,
그의 눈처럼 캐낸 생굴을 반찬 삼아 아침상을 차린다.

요즘의 달

반달은 반달도 못 산다네.

옥토끼 지상에 내려왔다가 병들어 드러누웠지.
이제 저 달은 임자도 없는 신세가 되었네.

무주공산이 달나라로 이사를 가더니,
이 땅은 빈자리 없이 주인으로 가득하네.

위성과 인공위성이 혈연지간이라면,
우리는 달의 자식으로 미래를 여는 셈이네.

바람이 달빛을 싣고 내달릴 때에도,
달빛은 바람의 저고리끈을 만지고 싶을까.

사랑은 돌아올 때 이미 썩은 이가 되어서
다시 여밀 옷고름조차 남아있지 않으니,
끼 있는 바람이 헛간에 숨게 된 사연이 되었지.

그래도 우리는 매일매일 가슴에서 밥을 꺼내네.
먹지 않으면 안 되는 밥은 먹어도 소용이 없는 밥이었네.

참말이지 보름달은 보름도 못산다네.

기억의 기차

기억에 없는 기차가 기억을 뚫고 달려온다.
지난날은 춤을 추면 이상하게도 내일이 된다.
뚫린 기억이 가눌 수 없는 몸짓으로 자빠지면
다하지 못한 인연들이 군상의 넋으로 몰려온다.

그대에게 편지를 쓴다. 쓰다가 붓을 꺾고 눕는다.
꺾어진 붓이 일어나 춤을 춘다. 귀신이 된다.
사랑하는 일이 반성하는 일보다 많아야 한다는
사는 일도 죽는 일도 대충은 아름다워야 한다는

살아있는 정신과 죽은 귀신의 밀어가 혼합된다.
살아서, 기어코 살아서 만나야 한다는 내일도
죽어도, 그냥 죽어도 아름답다는 오늘도
답이 없어 물으러간 그대의 집 앞에서 잠을 잔다.

춤을 추는 기억은 없다. 지나가는 기차도 없다.
스르르 고개 한 번 내저으면 그저 거품이 된다.
연기가 된다. 안개가 된다. 다시 기억이 된다.
안개 속에서 힘차게 기억의 기차가 달려온다.

호박꽃 이야기 · 4

호박꽃이 필 때에는 할머니 콧물 같은 냄새가 난다.
향기도 아닌 것이 분위기도 아닌 것이
범종소리 흩뿌리며 동네방네 고샅길 헤매고 다닌다.
그 냄새가 좋아 천리만리 따라온 왕벌 한 마리
호박꽃 속에 드러누워 쉬다가 돌아가는 것을 잊었다.
범종소리 한 번씩 울릴 때마다 날갯짓만 파르르 파르르
노오란 호박꽃술에 황홀한 코를 박고 잠이 들었다.

호박꽃나라 · 6

그녀는 아직 사춘기가 아니다.
그녀의 젖꼭지는 아직 가슴 속 깊은 곳에 숨어있다.
그녀 얼굴 들어 세상 돌아보면
예서제서 제 얼굴 돌린다. 다시 돌아보지 못한다.
그녀의 고사리 같은 손이 한 번 허공을 휘저으면
손끝마다 하늘이 듬뿍 묻어난다. 전혀 색깔이 없다.
그녀의 사춘기를 불러내려는 봄바람이 얼굴을 붉힌다.
그녀의 사춘기를 묻는 꽃들이 먼저 굴러 떨어진다.
모두에게 실존인 사춘기가 그녀에겐 아직 미지의 세계이다.
본능은 뱀처럼 혀를 날름거리며 그녀를 삼키겠지만
그녀의 온몸에 불을 지르고 종내는 태워버리겠지만
그녀는 아직 양수에 잔뜩 젖어있는 습지의 싹이다.
사춘기가 신앙인 종교의 신념으로는
사춘기가 아닌 그녀를 절대로 정복하지 못한다.
사춘기가 아닌 그녀에게 사춘기인 내가 오늘
맨발로 쫓아가며 하늘을 가린다. 나를 가린다.
어둠 속에서도 너를 볼 수 있다.
어둠 속에 나를 감추고 너의 얼굴 본다. 부끄러워.

사과를 위하여

 지뢰밭을 걷는 기분이야말로 아슬아슬하다. 들어서지 않으면 되는 것을 들어서서 후회한다. 지뢰밭 너머에 사과나무 한 그루 있을 법도 하여서, 사과나무에 탐스러운 사과 한 알 기다릴 법도 하여서, 평생의 삼류인생 허기가 목숨까지 걸고 있다.

 온갖 과일로 포만해진 뱃살 어루만지며 헬렐레, 선지자들 그늘 아래 드러누워 쉬고 있는 시간이다. 홀로 목숨 걸고 지뢰밭을 헤매는 빈자의 모습 누군가 들여다볼까 부끄럽기 짝이 없는데, 그 사과 딴다 하여도 혹 먹을 수나 있을까.

아버지의 집

고추꽃이 지고나면 고추열매가 매달립니다.
가지꽃이 지고나면 가지 열매가 자랍니다.
오이꽃이 지고나면 오이열매가 매달립니다..
상추밭에서 볼일 보시다가 아버지가 들킵니다.
어머니 부지깽이가 온 집안을 들쑤십니다.

봉숭아꽃이 지고나면 누이의 꿈은 사라집니다.
나팔꽃이 오므라들면 아침도 저녁이 됩니다.
나리꽃은 활짝 피어도 징그럽기 짝이 없습니다.
어머니 몸꽃이 붉게 피던 시절에는
아버지도 꽃밭에는 관심이 없었습니다.

배춧잎에 배추벌레 일일이 잡아내던 시절도
상추잎에 벌레길 이리저리 뜯어내던 시절도
먹을 수 있을 때 먹는 것이 싱그러운 입맛이라.
알고 보면 아버지의 아버지 되는 가르침이었으니
배추꽃이 다 지도록 텃밭을 버려두지는 말라는.

왕쥐 선생

초등학교 시절 여름방학 때의 일입니다.
뒷방문 활짝 열어놓고 뒤란 풍경을 즐기는 중이었지요.
입 안에서는 싱싱한 단수수가 녹아드는 순간이었습니다.
집채만 한 왕쥐 한 마리가 엉금엉금 기어와서는
눈앞에 떡 서더니 한동안 움직이지를 않는 것이었습니다.
네가 나보다 몸집이 크다 할 수 있느냐.
네가 나보다 많이 안다 할 수 있느냐.
눈을 똑바로 뜨고 물어오는데 대답을 못했습니다.
더 크다 한 적 없었는데요, 더 안다 한 적 없었는데요,
말이 목구멍에서 넘어오지를 못하고 컥컥댔지요.
팔 벌려 막아보자 해도 팔이 말을 듣지 않더군요.
등 돌리고 달아나자 해도 갈 곳이 별로 없어 보였지요.
눈도 깜빡을 못하고 달달 떨고 있는데
슬며시 웃던 왕쥐 고개 끄덕이더니 몸을 돌리더군요.
그런데 이 날까지도 그 말이 잘 나오지를 않습니다.
더 크지 않습니다. 더 알지 못합니다.

미나리꽝 미나리꽃

미나리꽃이 핀다고 세월이 변하리야.
미나리꽝 지키고 앉아 우는 여자야
달도 없는 새벽에 보따리 달랑 들고
끌려가는 소처럼 떨면서 가던 그 남자

미나리꽝 지나다가 우연히 들킨 마음
미나리꽝 미나리도 뿌리까지 흔들렸지.
백주에 죄인 되어 부끄러운 미나리꽃
미나리 반찬상에 온몸이 달아올랐지

미나리꽃이 핀다고 세월이 변하리야
미나리꽝 지키고 앉아 우는 여자야.
서울 가 서울놈 된 것들 모두 싸가지야.
낡은 밥상 오늘도 미나리 반찬 썩고 있네.

미나리꽃

미나리꽃이 필 때까지만 기다려 주세요.
미나리꽃은 피지 않는다는 그의 농담이다.

해마다 피는 미나리꽃을
아무도 바라보지 않는다.

아무도 바라보지 않으니
미나리꽃은 피지 않는다.

미나리꽃이 피는 날 연락드리지요.
해마다 피어도 보이지 않는 미나리꽃.

낯선, 혹은 낯익은

횡단보도를 건너다가 그와 마주친다.
골목길 들어서다가 그와 마주친다.
꽃집에 들렀다가 그와 마주친다.
낯익은 그의 얼굴이 낯설게 스쳐간다.
언젠가 본 듯한 익숙한 그 얼굴
작은 인연이 아닌 듯한 착한 그 얼굴
얼굴 돌리며 금방이라도 웃을 듯한 그 얼굴
그를 도대체 어디에서 만났던 것일까
그와 나는 도대체 무슨 인연이었던 것일까
그는 지금 어디에서 살고 있을까
그는 지금 내 생각을 하고 있을까
그라고 여겨지는, 그일 것만 같은
낯익은 얼굴이 낯설게 지나간다.
만난 적이 없는 그가 평생 그립다.
아침에도 저녁에도
자나 깨나
어디서나 스쳐가는 그를 만난다.

소리 되는 소리

입에서 나간 소리도 출구가 있어야 소리다워진다.
출구를 못 찾은 소리는 방안 구석구석을 돌아다니다가
한밤중에 느닷없이 자는 사람을 깨운다.
그때는 이미 때를 놓쳐서 간담까지 서늘한 귀곡성이 된다.
소리는 사라져야 비로소 의미가 있는 소리가 된다.
소리도 죽을 줄을 알아야 다음 소리가 생명을 얻는다.
오래도록 살아있는 소리라야 말씀이 되는 것은 아니다.
사라진 소리가 다음 소리를 만들고
그 소리 죽어 다시 다음 소리를 만들어야
소리가 소리 되어 편안하고 아름다운 것이다.

강아지나라 · 1

무인도에 사는 노인을 위해
강아지 한 마리가 선물로 왔다.
주인을 위해 함께 묻힌
꽃다운 나이의 처녀 노예다.

아느냐, 아느냐, 아느냐, 아프게 묻는다.
아노라, 아노라, 아노라, 콧노래로 답한다.
동문서답이 아름다운 이유는
그것이 답이라고 믿는 각자의 철학 때문이다.

특별한 소고기를 파는 집,
상호가 평화로운 '고향의 황소나라'이다.
평생 땀흘리며 일하는
'착한 고기'이다.

드디어 지구를 정복한 외계인이
제일 먼저 '인간의 나라'를 개점했다.
'착한 인간'

외계인 손님들이 줄을 서서 별미를 즐겼다.

아느냐.
아노라.

꽃들의 거래

피는 꽃은 시드는 꽃을 서러워하지 않는다.
핀 꽃은 시든 꽃을 무서워하지 않는다.
핀 꽃은 시든 꽃의 자리를 메우고
시든 꽃은 무심히 다음 꽃을 준비한다.
꽃들의 거래다.
피는 꽃은 시드는 꽃을 추억하지 않는다.
핀 꽃은 시든 꽃을 사랑하지 않는다.
피는 꽃은 시드는 꽃의 얼굴을 가리고
시드는 꽃은 피는 꽃을 부러워하지 않는다.
꽃들의 거래다.
바람은 색깔 고운 곳으로 몰려오고
벌나비는 향기를 따라 춤을 춘다.
핀 꽃은 피어서 자랑스럽고
시든 꽃은 시들어서 평화롭다.
꽃들의 거래다.
피는 꽃 시드는 꽃
핀 꽃 시든 꽃
다 꽃이다.
꽃일 뿐이다.

개나리꽃이 피었습니다

개나리꽃이 지랄 같이 피었습니다.
지난해 호박꽃이 흐드러지게 피었던 담장 아래입니다.
그 담장을 타고 밤새 왕쥐들이 오락가락하고
뱀구멍이 송송 뚫린 아랫도리에서는
미친년처럼 자꾸 치마가 펄럭입니다.
개나리꽃이 지랄 같이 피었습니다.
아무도 정색하지 않는 갈보 같은 얼굴입니다.
하필이면 개,
사실은 개조차 바라보지 않는 똥꽃입니다.
뱀구멍, 쥐구멍 사이로 잡년처럼 머우대가 자라고
수십 년 묵은 시누대가 죽지도 않고 살아나려 합니다.
산다고 해도 아무도 돌아보지 않습니다.
돌아보는 이 없어 혼자 심심타가 시드는 목숨입니다.
숱한 꽃들이 따라 피었다가 여지없이 사라집니다.
바람이 알겠습니까.
안개가 알겠습니까.
어둠이 알겠습니까.
질퍽한 비 한 번이면 요절이 나는 봄
나리 나리 개나리 개나리꽃이 지랄 같이 피었습니다.

을왕리[*]

새 모가지처럼 꾸불꾸불 해변길 가다보면
의미도 없이 을왕리는 자빠져 있습니다.
먼 길이 가까워지고 황금이 무지하게 밀려들어도
을왕리는 자빠진 을왕리일 뿐 갑왕리가 아닙니다.
사람 눈이 모두 거기가 거긴 것이지
갑종이냐 을종이냐 겨우내 짜댄 가마니가
갑자기 최하품으로 곤두박질을 쳐도 아버지는
한 번도 공판장에 친구 없다는 말씀은 안 하셨습니다.
을왕리는 서러워도 을왕리이고
을왕리가 갑왕리가 되면 천지가 개벽이라
천지개벽하고 되는 일 없었다는
조상님들의 거룩하신 경험이 바다에서 물결칩니다.
을왕리에 가면 바다새는 보이지 않고
을왕리에 가면 그 흔한 바닷고기도 보이지 않고
을왕리에 가면 멋진 여자 찰진 남자 하나 없고
싸가지 없는 쌍놈들이나 겨우내 화투를 치다가
문득 방문 열고 시팔, 오줌을 갈기던
해변 모래밭에 양반년놈들 발가벗고 드러누워

아싸라비야, 모래찜질을 즐깁니다.

썩은 똥바다의 썩은 모래밭의 썩은 물고기의

썩은 것들이 참 건강합니다. 싱싱합니다.

*乙旺리는 새 을자에 성할 왕자를 사용하는데, 이 을자는 십간의 두 번째 글자로 두번째를 의미하는 것이 본래적인 사용이다. 동시에 굽다, 구불구불하다 라는 뜻이 가장 근접한 의미이다. 이것이 새라는 뜻으로는 거의 사용되지 않는다. '을왕'은 '을한'의 변형이고, '을항'은 '늘어진 목'의 의미로 줄어서 '늘목'이라고 한다. '길게 늘어진 목'이라는 의미일 듯하다. 성한 것의 출발은 미세한 꿈틀거림으로부터이다.

아내의 방귀

그녀의 방귀에는 색깔이 있다.
어떤 날에는 푸르스름한 색깔의 방귀가 나오고,
어떤 날에는 노르스름한 색깔의 방귀가 나온다.
아침에는 연둣빛 색깔의 방귀가 나오다가,
저녁에는 불그스름한 색깔의 방귀가 나오기도 한다.

색깔이 다르듯이 냄새도 다르다.
어떤 색깔의 방귀는 참아낼 수가 없는 것도 있고,
어떤 색깔의 방귀는 단내가 나는 것도 있다.
색깔에 따라 냄새가 일정한 것도 같고 아닌 것도 같으나,

나는 그녀의 방귀 냄새를 색깔과 맞추고자 애를 쓴다.
색깔에 따라 냄새를 판단하고 그녀의 기분을 파악한다.
그녀가 방귀 색깔을 마음먹은 대로 만들어낸다는 사실을
전혀 모르던 시절의 이야기이다.

| 제2부 |

구호의 나라

만화 · 1

어젯밤 달이 두 개나 떴다.
오늘 아침에는 해가 두 개나 떴다.
어젯밤 두 개의 달이 밤새도록 빛났으니
오늘 두 개의 해도 하루종일 빛날 것이다.
어젯밤 두 개의 달이 오늘 두 개의 해와 함께 뜰 수도 있다.
두 개의 해와 두 개의 달이 하루종일 빛나면
세상은 아무도 일하지 못하겠네.
오늘 두개의 해가 내일밤 두 개의 달과 함께 뜰 수도 잇다.
두 개의 달과 두 개의 해가 밤새도록 빛나면
어떤 귀신도 잠들지 못하겠네.

만화 · 2

강아지를 데려다가 성대를 손질했지요.
꼬리를 살랑이는 건 고마운 일이지만
짖어대는 건 너무 시끄럽거든요.
막무가내 발길질을 해도
죽기살기로 달라붙으니 사람보다 낫군요.
혼자 돌아오는 집에 살아있으니
잡귀는 없다 싶어 편한 잠을 잡니다.
이참에 항문을 아예 꿰매버렸습니다.
처치 곤란한 개똥 냄새가 이유입니다.
밥은 안 주면 그만이지요.
안 주면 내놓을 일 없지요.
그래도 당분간은 반갑기 그지 없네요
현관문만 열면 와락 달려드는
그놈만 한 사람이 세상에 없지요.
항문이 막힌 강아지가 춤을 춥니다

여름 한낮

빨래가 즐비한 빌라의 옥상 한 켠에서 화분에 물을 주던 셔츠만 입은 남자가 먼 바다에 가득한 스모그를 바라본다. 아래층 베란다에 웃통 홀딱 벗은 남자는 창문을 열고 땀을 닦으며 밖을 노려본다. 그 뒤로 속옷바람인 아낙이 보일락 말락하고, 옆집 베란다에는 나이 든 여자 하나가 힘겹게 세탁기통을 뒤지고 있다. 맨 아래층 출구로 시커먼 아이가 걸어 나오고, 그 뒤를 시커먼 젊은 여자 따라 나온다. 길 건너 노란버스에는 늙은 기사가 금방 졸기라도 할 듯 핸들에 엎드려있고, 앳된 유치원 선생은 다리 한 쪽 내려놓은 채로 무심하게 아직 오지 않는 아이들을 기다리고 있다. 입구 안쪽에는 나이 든 노파 두엇 주저앉아 한참 동안 침묵 중이다. 별로 나눌만한 이야기도 없어 보인다. 어떤 것도 마주치지 않는 희멀건 시선들을 나는 맞은 편 건물 옥상에서 바라보고 있다. 여름이다, 햇볕은 쨍쨍하다. 모든 게 말라붙어 잇다.

베스트 셀러

시장통 입구에 냉면집이 새로 생겼다.
싸구려 밥집이 전부였던 동네였다.
건물도 보기 좋게 꾸미고 동시에 친절하였다.
냉면 맛도 특별해 보이고 경품까지 챙길 수 있었다.
당연히 며칠 안 가 손님들이 줄을 서는 일이 생겼다.
냉면 맛도 일품이지만 값도 싸다는 것이다.
게다가 잘 삶은 돼지고기 몇 점까지 얹혀 준다고 한다.
사람들은 땡볕도 아랑곳하지 않고 기다랗게 줄을 선다.
이 현상이 일 년째 계속되고 있다.
소문 듣고 옆집에 또 냉면집이 생겼다.
냉면 요리가 뭐 별 거 있겠느냐는 사람이 주인이란다.
이미 함께 줄을 서서 몇 번 맛을 본 터라고 한다.
그런데 식사 때가 되어도 파리만 날린다.
옆집은 변함없이 기다란 줄이다.
그제야 갖은 양념에 서비스를 보태어보지만
어림이 없다. 이 동네 처음 들어서는 사람조차
옆집 줄 끝에 가 붙는다.
또 다른 사람이 나는 다르겠지.

그 옆집에 냉면집을 또 내어본다.
마찬가지다. 문 앞이 깨끗하다.
약이 올라 주인도 줄 끝에 붙어서 냉면을 시켜본다.
이게 웬 맛이냐. 지랄 같네. 그의 생각이다.
개점 때보다 한참이나 못한 냉면 맛이지만
그 집 앞에는 오늘도 기다란 줄이 서 있다.
이 동네 입맛이 되어버린 까닭 때문이다

토끼해에 · 1

간을 넣었다 뺐다 하는 능력은 토끼의 능력이 아니다.
토끼의 간을 넣었다 뺐다 하는 것은 사람의 능력이다.
로봇을 만드는 인간의 능력은 이솝이 단연 선두였다.

인간의 간을 넣었다 뺐다 하는 시대에 태어나서
인간이 인간의 로봇이 되는 시대에 태어나서
모든 인간들이 모든 로봇이 되는 시대에 태어나서
모든 인간들이 마루타가 되는 시대에 태어나서

영생을 꿈이라도 꾸어볼 수 있다는 이 기쁨
인간은 신의 로봇만이어서는 안 된다는
인간도 당연히 신이 될 수 있다는
인간도 당연히 신이 되어야 한다는

이 거룩하고 위대한 꿈 앞에서
병 든 소를 생으로 묻어죽이고
오염된 것들은 모조리 불살라버려야 하는
실패한 것들은 여지없이 처분해야 하는

신기한 별종들의 신기한 소꿉장난이

환상 적이다.
몽환 적이다.
적이 사라진 적이다.
죽은 신의.

토끼해에 · 2

고양이장은 없으나 토끼장은 있다.
토끼의 순수는 고양이의 이성을 넘지 못한다.
고양이의 예지는 토끼의 무지보다 인간답다.
머리가 좋을수록 인간과는 친하다.
고양이 소리를 내는 토끼를 보았는가.
야옹 토
야옹 톡
토끼도 고양이 소리를 낼 줄 알아야
토끼장이 사라진다.

비

비가 내리면 모든 주검은 쓸려간다.
빗물은 모든 주검의 흔적을 지운다.
다시 새로운 주검의 자리를 만든다.
장대비가 퍽퍽퍽 쏟아진다. 카리스마다.

잠자는 공주에게도 욕망이 생긴다고 한다.
젊은 가수가 그녀의 잠을 깨우는 주문을 외운다.
환타지는 과거와 미래를 붙잡아서 현재에 묶는다.
숲속에는 아직 비가 내리지 않고 있다. 꿈이다.

죽은 것들을 산에 버리고 바다에 버린다.
그리고 산과 바다로 가서 그들을 만난다.
죽은 것들의 영혼에 떨면서도 잇는다.
그 사이에 비는 사라지고 없다. 환타지다.

멜이라고 하는 것

제주 사람들은 멸치를 멜이라고 한다. 제주 산 멸치라며 멜 한 통이 날라왔다.

멸치는 우리와 대단히 친근한 이웃이다. 턱에는 가느다란 이빨들이 촘촘히 늘어서있으면서도 입꼬리가 눈 밑까지 파고든 주둥이는 뭉툭해서 편안하기조차 하다. 세계의 바다 전역에 퍼져 살고 있으나 따뜻한 바다를 좋아하며 너무 차거나 뜨거운 바다는 싫어한다. 이들을 만약 먹이사슬에서 떼어내게 되면 세상은 끝일 거라고 주장하는 사람도 있다. 포식자들에게 없어서는 안 되는 중요한 자원이기 때문이다. 멸치는 날로 먹기도 하지만 때로는 최음제로 사용하기도 한다. 강한 맛으로 인해 음식에 풍미를 내기 위해 사용하는 것은 기본이다. 큰 고기를 잡기 위해 미끼로 사용하기도 한다. 문제도 있다. 멸치는 신경계통에 식중독을 일으킬 수도 있는 도모익산을 포함하고 있어서 사람을 위험한 상황으로 몰기도 한다. 통풍을 유발하는 고 함량의 요산도 들어 있다. 반가운 이웃이면서도 무서운 존재이다.

누가 멜이라는 이름의 제주 산 멸치를 보냈다. 우리는 메일을 멜이라고 부르기도 한다.

구호의 나라

없는 돈 들여 퇴치제 쳐댈 일 없다.
모기 박멸, 파리분쇄, 문짝마다 창틀마다 큼지막하게 써붙이면
모기는 눈이 없냐, 파리 눈은 왕방울만 하더라.
이 짓 못하는 반듯한 동네에는 파리 모기가 창궐하고
이 짓 잘하는 무서운 동네에는 파리 모기 씨가 말랐다더라.
하찮은 파리 모기도 떼가 되면 사람을 구축한다.
숲속의 멋진 집을 파리 모기 못견뎌 두고 오기도 한다.
구호의 위력을 알지 못해 아까운 집 버려두고 온 것이다.
없는 돈 들여 약 쳐댈 일 없다.
강력한 구호 몇 구절이면 파리 모기 씨가 마르리라.
적어도 이 나라에서는 일상적으로 옳은 말이다.

歷史는 歷事이다

　당이 백제와 고구려를 무너뜨리는 데 협조하면 한강 이남의 땅에 대한 통치권을 신라가 갖는다. 애당초 고구려의 방대한 땅은 그들에게 남의 땅이었다. 신라가 살아남는 길은 백제, 고구려 유민들에게 동일 민족정신을 심어주는 일이었다. 이전과 이후가 달랐으니 발해쯤이야 남의 땅으로 묻어도 그만이었다. 최후의 승자가 백제이길 기도하다가 이단을 만나고, 최후의 승자가 고구려이길 꿈꾸다가 가위에 눌린다. 역사는 천세 만세 후에도 징그러운 귀신이다. 제 논에 물 대는 것이 농부들의 마음이다. 굶어죽어도 종자씨는 베개 삼아 죽으니 그들을 착하다 했다. 그들은 너무 착해서 죽어 호박꽃이 되었다. 집안일은 집안에서 해결하라는 가르침이 없었다. 형제는 싸워도 링 밖을 벗어나면 안 되는 일. 칼잡이 총잡이 불러봐야 집 뺏기기 십상이다. 역사의 얼굴은 당대 그리는 자의 몫이고, 감상은 후대 읽는 자의 몫이다. 제아무리 춘추필법이어도 피는 물보다 진하고 팔은 안으로 굽는다. 역사는 歷史가 아니고 歷事이다. 역사는 기록으로 남는 것마다 재미있는 이야기이며, 그 이야기는 앞으로도 재미있게 계속될 것이다.

새들은 언제나 아픈 잠을 잔다

비가 내리면 새들은 잠을 잔다.
이런 날 사냥을 나가면 날개를 다치기 십상이다.
벌레들도 모조리 깊숙이 숨어들어 찾을 길이 없다.
비가 길어지면 어린 새끼들은 허기에 지쳐 까무러치기도 한다.
젖은 나뭇잎, 젖은 나무껍질, 씹을 수만 있다면 조금은 낫다.
공치는 날의 서러움은 잠이 들어도 악몽이 된다.

비가 개어도 새들은 아픈 잠을 자야 한다.
아무리 돌아다녀도 벌레들은 보이지 않는다.
푸릇한 나무를 위해 사람들은 끊임없이 약을 쳐대고,
벌레들은 씨가 말라 사라진지 오래이다.
하늘은 맑고, 바람은 신선하고, 숲은 싱싱하다.
지친 날개 오므리고 잠이 든 새들만이 참담하다.

아는 것이 힘이다

에덴동산의 사과나무가 번식했다.
한 나무에 한 개만 열리던 사과가
두 개 열리고 세 개 열리고 네 개 열리더니
열 개 열리고 백 개 열리고 천 개 열리더니
한 나무가 두 나무 되고 세 나무 되더니
열 그루 천 그루 만 그루로 늘어나더니
세상천지가 온통 사과나무로 가득하다.

만당한 사과 향기로 삶은 거룩해진다.

봄의 나라 · 1

사춘기 아닌 봄은 없고 봄이 아닌 계절도 없다.
누구나 사춘기이며 일 년 내내 꽃 피는 봄이다.

여름도 가을도 겨울도 봄의 다른 이름이다.
유년도 청년도 장년도 노년도 사춘의 다른 이름이다.

어떤 언덕에도 밤꽃은 밤낮을 가리지 않고 핀다.
어떤 바닷가에도 해당화는 벌러덩 피어있다.

봄의 나라 · 2

눈에 보이지 않게 돌아다니며 나뭇가지를 만진다.
처마를 만지고 창문을 만지고 커튼을 만진다.
냄새도 없이 다가와 코를 만지고 귓불을 만진다.
뒤통수를 만지고 목덜미를 만진다.
소리도 없이 달려들어 눈을 강타한다.
가슴을 때리며 명치에 강력하게 접근한다.
바람이 아니다. 공기도 아니다. 빛도 아니다.
찾으려면 없다. 만지려면 없다. 소리도 없다.
없는 그가 눈을, 코를, 귀를, 자꾸 만지고 다닌다.

봄의 나라 · 3

우주가 들어 있어야 비로소 사랑이 된다.
가벼운 바람 끝에 실려 가도 사랑을 만나지만
그 속에 작은 우주 뜨겁게 앉아있어야
쭉정이가 되지 않는 아름다운 순리가 된다.

어머니 나라의 순이가 순이가 아니었으면
아버지 나라의 철이가 철이가 아니었으면
이 나라에는 개나리꽃도 봉숭아꽃도 진달래꽃도
씨 뿌리지 못했다. 영영 피지도 못했다.

하여 우리 개나리꽃으로 천지간에 퍼지르고
봉숭아꽃으로 건강한 세상 뜨겁게 달구고
진달래꽃과 범벅이 되어 덩실덩실 춤추고 있으니
어머니 나라 아버지 나라 우리들의 큰 나라

수입꽃 흐드러지는 꽃집이 방방곡곡이어도
바람을 빌리지 않고 피는 꽃이 있어도
고것들이 쭉정이 되어 분 바르고 앉아있어도
순이는 철이를 알아본다 철이는 순이를 알아본다

홍시 紅柿

하늘에서 홍시가 마악 떨어집니다.
떨어지는 홍시에 얼굴을 들이밉니다.
홍시가 퍽퍽 터져서 숨이 막힙니다.
단내가 코 속으로 우우우, 밀려듭니다.
단물이 입 안 가득 출렁, 출렁댑니다.
부드럽게 터져서 그녀의 손이 됩니다.
감미롭게 터져서 그녀의 소리가 됩니다.
한꺼번에 터져서 삽시간에 꽃이 됩니다.
하늘에서 홍시가 마구 떨어집니다.
떨어지는 홍시에 몸을 던집니다.

여름, 바다로 가는 꽃들

바다 위에도 개나리꽃이 피었습니다.
모래밭에도 아예 퍼질러져 피어있습니다.
구름 사이로 달려가는 보름달이 구경합니다.
바람에 섞인 소금기가 걀걀걀 웃습니다.
파도가 출렁 하면 꽃들이 무더기로 춤을 춥니다.

밤하늘에 마른번개 쿠다당 터지고 나면
혼비백산한 꽃들은 일시에 흩어져 사라집니다.
아무도 모르지요, 꽃들도 실은 무서운 게 있어서
파리하게 질리면 계절도 오다가 돌아갑니다.
영롱하게 빛나는 별들이 손 내밀어 토닥여줍니다.

손을 꼭 잡은 꽃들이 바다로 와 피는 이유는
출렁이는 파도가 꼭 달뜬 가슴이라서이지요.
나와 세상이 함께 출렁이어야 더 기쁘기 때문이지요.
달이 있고, 별이 있고, 마냥 흔들려서 좋지요.
네가 있고, 내가 있고, 함께 흔들려서 좋지요.

다대포의 봉숭아꽃

달빛이 걸어다니는 다대포 모래사장에
봉숭아꽃 한 떨기가 피어 있습니다.
모래 속에 뿌리를 박고 소금기를 견디며
홀로 서서 연신 갈매기를 부르고 있습니다.
봉숭아꽃은 안으로 울음을 삼킨다 하지요.
꽃잎 떨궈 더 아름다운 생명이 된다 하지요.
온몸으로 봄을 전달하는 정령입니다.

다대포 갈매기들은 부리가 빨갛습니다.
다대포 갈매기들은 발톱도 빨갛습니다.
다대포 갈매기들은 가슴도 빨갛습니다.
제맘대로 치솟고 내리박고 활공합니다.
모래밭에 힘겹게 피어있는 봉숭아꽃은
수만 년을 버텨온 갈매기들의 일편단심입니다.
죽어서도 죽지 않는 누이, 고모, 할매입니다

달빛

환한 어둠 속에서 걸어 나왔다, 달빛 거위.
어둠의 속성이 사라지면 그 속에, 어머니가 앉아있다.
그러니까 달빛 거위, 어머니의 선물이다.

| 제3부 |

사냥개

숲속의 사냥꾼

 산골짜기 숲속에서 연기가 모락모락 피어오른다. 아무도 들어갈 수 없는 숲속 사냥꾼들만의 숲이다. 총이 없는 자, 총알이 없는 자는 입산금지, 정부가 발행한 사냥꾼 자격증이 있어야 한다.

 고기 굽는 냄새가 스멀스멀 굶주린 코를 자극한다. 가뭄이 쓸고 간 빈들에는 발 묶인 허수아비들이 즐비하다. 풍요로운 꿈은 아직도 우주적인 정신의 꽃이다. 빈들을 지나 숲으로 들어간 사냥꾼들의 발자욱만 남아있다.

 국법으로 금지된 산짐승들의 사냥이 밤낮으로 이어진다. 멧돼지, 노루, 산토끼들의 비명이 지심으로 파고든다. 아무도 들어갈 수 없다. 백성도, 국가도, 숲의 요정까지도 숲속으로 걸어 들어간 자 영원히 숲에서 산다.

텃새

 텃새들이 사는 숲에는 다른 새들이 둥지를 틀지 못한다. 텃새들은 똘똘 뭉쳐 숲을 지킨다. 하늘을 지키고 땅을 지키고 나무들을 지킨다. 바람을 지키고 이슬을 지키고 공기조차 지킨다. 텃새들의 숲은 그래서 질서가 있다. 텃새들에게는 통솔자가 필요하다. 조직도 필요하고 군대도 필요하고 무기도 필요하다. 잘 훈련된 사냥개도 필요하다. 오염 가능성이 있는 침입자들은 발붙이기 어렵다. 텃새들의 피와 땀으로 숲은 탈 없이 푸르다. 잠시 머물다가는 철새들은 숙박비만 잘 내면 된다. 오염물질을 배설해서도, 위험자들을 유인해서도 안 된다. 텃새들은 대부분 색깔도 비슷하다. 신토불이 탓이다. 색깔이 다른 새들은 숲에 들자마자 노출이 된다. 색깔이 다르니 불러 주어야할 이름도 필요가 없다. 굴러온 돌멩이로 발에 채인다. 그러나 굶을 수는 없다. 아무데서나 잘 수도 없고 숨을 곳도 마땅치가 않다. 규율 잡힌 숲에 기대는 수밖에 도리가 없다. 텃새와 철새의 화해란 기본적으로 불가능하다. 철새는 언젠가는 떠나야할 입장이니 그렇다. 텃새가 되려면 천 년을 숲에서 머물러야 한다. 같은 벌레를 잡아먹고 같은 이슬을 마시고 냄새와 색깔과 목소리까지 비슷해져야 한다. 그러나 이것들은 쉽사리 바꾸어지는 것이 아니다. 변화라는 말은 해석이 좀 다르다. 텃새들만의, 텃새들의, 텃새들을 위한, 이 숲이라는 단서가 달려 있다. 역병이나 돌아야 텃새들은 잠시 위험에 빠진다. 역병이 돌면 숲에는 텃새도 사라지고 철새도 사라지고 바람도 사라지고 햇살도 사라지고 이슬도 사라진다. 숲이 통째로 사라지는 것이다. 그러나 잠시일 뿐이다. 텃새들은 워낙 적응력이 높으며 영리하고 강하다. 그래서 텃새도 텃새들의 숲도 영원한 것이 정해진 이치이다.

사냥개

애시당초 태생이 좋은 경우가 많다는 것이다. 그래서 혈통 관리에 주의를 해야 한다는 것이다. 혈통이 없는 것은 특별히 더 잔인해진다는 것이다. 전사가 되기 위해 꼬리를 자른다는 것이다. 다른 존재들을 인정하지 않는다는 것이다. 사냥감을 보면 결사적으로 덤빈다는 것이다. 한 번 물면 죽을 때까지 놓지 않는다는 것이다. 먹이를 챙겨주는 주인에게만 충성한다는 것이다. 굶주림이 가장 큰 공포라는 것이다. 주인 외에는 누구의 말도 듣지 않는다는 것이다. 사냥 이외에는 할 일이 전혀 없다는 것이다. 자기 생각이란 썩은 똥 속에 묻어 둔 지 오래라는 것이다. 팔팔해야 먹이라도 얻어먹을 수가 있다는 것이다. 배가 고프면 언젠가는 주인을 물기도 한다는 것이다. 쓸모가 없어지면 보신탕이 되기도 한다는 것이다. 한마디로 꼬리를 아무리 잘라도 개일 뿐이라는 것이다.

칼

 양날의 칼을 보신 적이 있나요. 양날의 칼은 언제부턴가 만들어지지 않았습니다. 베어야할 적이 양 방향에 있지는 않기 때문이지요. 양 방향에 적이 있어 양날의 칼이 필요하게 된다면 정말 위태로운 상황인 것이고 세상은 피바다가 되기 십상이지요. 늘 어느 한쪽인가는 반드시 살아남아야 인류가 자신의 존재를 이어가지 않겠습니까. 옳고 그름이 무슨 소용이 있습니까. 무조건 어느 한쪽은 살아남아야 하는 겁니다. 인간은 늘 싸웁니다. 밥만 먹으면 싸웁니다. 터전이 좁으니 절반은 치우자는 거지요. 그래야 인류가 더 오래 버틸 수 있습니다. 반드시 한쪽은 때려눕히자는 것이 목표입니다. 한쪽이 옳다 해서 그게 정말 옳아서이겠습니까. 한쪽이 그르다 해서 그게 정말 틀려서겠습니까. 이도 저도 아닌 사람을 회색분자라 합니다. 회색분자가 평화주의자로 불리지는 않습니다. 회색분자를 무능한 집단으로 몰아도 위험합니다. 회색분자들이 요즘 칼을 간다는 소문이 파다하거든요. 사라진 양날의 칼을 밤새도록 간다는 소문입니다.

다리가 있는 마을

어떤 마을이 개천으로 나누어져 있었다. 백여 호 남짓이 사이좋게 갈라져 있었다. 하나 있는 다리를 건너야 교통이 되었다. 어쩐지 해 뜨는 쪽은 부자들이 많았는데 해 지는 쪽이 늘 쌀을 빌러 오곤 했다. 시절이 좋아져서 수도장 공사가 시작되었다. 공사비의 절반은 마을 전체가 부담하는 공사였다. 해 지는 쪽 사람들은 분담할 여유가 없었다. 해 뜨는 쪽 사람들의 싸움이 시작되었다. 해 지는 쪽에 혜택을 주자거니 말자거니였다. 해 뜨는 쪽에도 좀 여유롭지 못한 사람들이 있어서 여유로운 사람들이 이들을 압박하기 시작했다. 결국 이들이 먼저 하나둘 마을을 떠나기 시작했고 자금 문제로 끝내 수도장은 만들어지지 않았다. 해 뜨는 쪽 사람들의 천 평 논은 이천 평으로 늘어나서 마음대로 생수를 사다 마실 수 있었으나 해 지는 쪽 사람들은 농약 풀린 개울물이나 마시게 되었다. 떠난 자들은 다시는 고향마을을 바라보지 않았다.

혼자여

 누구나 낮에는 하얗고 밤에는 까맣다. 착한 사람은 하얗고 나쁜 사람은 까말 것이라는 시골스러운 생각은 당연히 오류다. 착한 사람도 밤과 낮이 다르고, 나쁜 사람도 밤과 낮이 다르다. 하얀 색깔도 밤과 낮에 다르고, 까만 색깔도 밤과 낮에 다르다. 생명체의 생명력은 답 없이 위대하다. 전장에만 총이 있고 칼이 있는 것이 아니다. 전장에만 버려진 주검이 있는 것이 아니다. 어제도 즐비했고 오늘도 즐비하다. 낮에도 즐비하고 밤에도 즐비하다. 스스로의 주검을 먹고 마시며 아침마다 찬란한 이슬을 터는, 불행으로 행복을 만들어 먹고 비극으로 축복을 만들어 마시는, 속에서 무수히 스러지는 잡초들이여, 속에서 무수히 일어서는 잡초들이여. 두엄에서 피는 화려한 장미꽃도, 진흙 속에서 솟는 신성한 연꽃도, 꿈이겠느냐, 꿈이 될 수 있겠느냐. 달콤한 잠을 이룰 수 없는 밤에 황홀한 꿈 대신 가위에 눌리며, 손에 쥔 것이 없는, 줄 것도 없는, 이 가난하고 지난한 혼자여.

아닌 말씀

 미국이 전 세계의 돈을 다 긁어갈 것이니 이를 항의하자. 일본이 전 세계의 땅을 다 사들이고 있으니 이를 막아보자. 중국이 전 세계의 철학을 다 가지고 있으니 이를 경계하자. 한국이 항의하고 경계하고 막으면 이 일들이 가능할 것이다.

 아프리카의 빈민과 죽어가는 어린이들에게 구호품을 보내자. 중동의 사막에 나무를 심고, 아시아의 소수민족에게 독립을 주자. 오지의 비문명인들에게 우리들의 문화와 복지 정책을 선물하자. 예의를 아는 민족이 앞장서면 안 될 것이 없다. 다 이루어질 것이다.

 인간은 평등한 존재이므로 너나할 것 없이 똑같이 부자가 되자. 인간은 위대한 존재이므로 신분의 차이 없이 똑같이 영광을 누리자. 인간은 불멸의 존재이므로 모두가 신처럼 숭배하고 숭배받자. 만물의 영장이 주장하면 안 될 것이 없다. 좋은 이야기는 다 옳다.

아무리 땀을 흘려도 뱁새걸음이니 걸음이 큰 네 등을 빌리자. 아무리 피를 흘려도 비좁은 땅이니 많이 가진 네 땅을 나누어 갖자. 아무리 올라가도 허공일 뿐이니 높은 곳에 올라간 네 도움이 필요하다. 사람인 이상 주장하면 안 될 것이 없다. 너나 나나 모두 똑같은 놈이다

집과 사냥개

 좋은 집으로 들어가기만 하면 개를 키운다. 거리에 살 때에는 집 가진 사람들이 반찬이었다. 떼거리로 모여 세상 바꾸자는 혁명가였다. 거리에 아직 집 없는 사람들이 이렇게 많은데, 좋은 집으로 들어간 당신은 맨 먼저 사냥개를 사들였다.

내장산 단풍

절이 싫으면 중이 떠납니다.
수행이나 득도도 소용없습니다.
이 시리고 뼈저리고 만신창이 다 됩니다.
활활 다비도 끝내주는 불법입니다.

중이 싫으면 절도 떠납니다.
천 년이고 만 년이고 소용없습니다.
인연이고 저 년이고 다 개나발입니다.
활활 불이 붙어 통째로 사라집니다.

피라미

피라미들이 막차를 타고 벼랑으로 향한다.
신념을 위해서는 죽어도 좋다는 것이다.

물고기가 물고기를 먹고 그 물고기를 물고기가 먹는다.
물고기를 먹는 물고기들을 모조리 끌어내어 참수한다.
새가 새를 잡아먹고 그 새를 새가 잡아먹는다.
새를 잡아먹는 새들을 모조리 끌어내려 날개를 꺾는다.

사람은 물고기가 아니어서 물고기를 먹는다.
사람은 새가 아니라서 새를 먹는다.
사람은 물고기를 먹으면서 물고기를 키운다.
사람은 새를 먹으면서 새를 키운다.

사람이 사람 위에 서고 그 사람 위에 사람이 선다.
사람 위에 서는 사람들을 모조리 잡아내려 포박한다.
사람이 사람 아래에 서고 그 사람 아래에 사람이 눕는다.
사람 아래 눕는 사람들을 모조리 일으켜 포박한다.

시대를 놓친 자들의 거대한 음모이다.
변화를 놓친 자들의 무모한 혁명이다.
부자연이 된 자연의 부자연스러운 얼굴이다.
꿈이 된 현실의 꿈같은 거품이다.

전설

 가죽 중 최고급 가죽은 개미가죽이라는 소문이 있는데, 왕개미 어린 암놈 수만 마리를 산 채로 잡아서 숨이 끊어지기 전 순식간에 껍질을 벗겨야 질이 좋다는 것인데, 그리고 이 가죽들을 돋보기도 쓰지 않고 모조리 손으로 이어 붙여야 질이 더 좋다는 것인데, 그리고 천 도 만 도의 불구덩이에서 수십 년을 구워내야 최상품이 된다는 것인데, 이 기술을 제대로 터득한 장인이 도무지 존재하지를 않아서 개미가죽 구두와 개미가죽 가방과 개미가죽 코트가 유행하지 못한다고 하는데, 옛날에 한 번은 이런 장인 있어서 한 벌의 구두와 한 개의 가방과 한 개의 코트가 만들어질 뻔도 하였다는데, 그런데 이 가죽 제품을 주문한 군주가 완성품을 보기도 전에 저승으로 가버리고, 그 다음 군주도 이 완성품을 기다리다가 그냥 떠나버리고, 그 다음도 그 다음도 기다리다가 모두 떠나버리자 이 장인마저 홀연히 떠나기 전 한마디 하였다고 하는데, 이 가죽구두와 가죽가방과 가죽코트는 천 년 만 년 후에나 완성이 되어 지구를 구할 사람이 입게 될 것이라고. 자신의 숙련된 후예 장인들이 은밀한 동굴 속에서 대를 이어 작업을 진행할 것이라고. 들어본 일 있으신가.

없으시지요. 개미나라 교과서의 전설입니다.

 사실이든 거짓말이든, 신화이든 전설이든, 머리를 쥐어뜯으며 생각하면 무엇 하랴. 시작에도 끝에도 걸러드는 것은 노을이다. 말은 말로서 배를 채운다. 신화에는 마른 피가 묻어 있고, 전설에는 뜨거운 피가 묻어 있고, 역사에는 차가운 피가 묻어 있다. 믿는 자여 그대의 몸이 흙이 되는 순간에도 그 피가 콸콸콸 솟구칠 수 있다면 그대는 당연히 절대적 신이 될 것이다. 거짓말 속에서 거짓말로 살다가 거짓말로 사라지는 거짓말의 위대한 상상이여. 밥상이여.

虎兎傳 · 1

호랑이와 토끼가 친구인 적도 있었다.
호랑이와 토끼도 감정적인 동물이라 다투기도 하였다.

하루는 토끼가 대단히 화가 나서 호랑이를 걷어찼다.
호랑이는 몸집이 너무 커서 발길을 깨닫지도 못했다.

하루는 호랑이 장난끼가 발동하여 토끼를 걷어찼다.
토끼는 순식간에 허공으로 떠올랐다가 바닥에 처박혔다.

호랑이와 토끼가 오랜 친구 사이기는 하였지만,
몸집 때문에 감정표출도 반응도 다를 수밖에 없었다.

토끼는 친구인 호랑이가 입만 씰룩여도 몸을 떨었고,
호랑이는 토끼가 제아무리 분노해도 신경 쓰지 않았다.

그래서 호랑이굴과 토끼굴은 멀리 떨어져 있어야 했고,
서로를 아무리 사랑한다 해도 감히 쓰다듬을 수 없었다.

호랑이와 토끼가 친구인 적도 있기는 하였지만,
호랑이와 토끼가 한 굴에 살지 않아 토끼는 사는 것이다.

아리랑 아리랑 아리랑이여
쓰리랑 쓰리랑 쓰리랑이여
아리고 쓰라린 세상살이여

虎兔傳 · 2

호랑이는 새끼를 많이 낳지 않는다.
한둘을 낳아도 죽지 않고 살아남는다.
한둘이어도 덤비는 동물이 없다.
아무 거나 먹어도 굶지 않고 살 수가 있다.

토끼는 새끼를 많이 낳는다.
많이 낳아야 그 중 한둘이라도 살아남는다.
수가 많아도 덤비는 동물들이 무섭다.
함부로 나가 먹을 수 없어 대부분이 굶어죽는다.

아리랑 아리랑 아리랑이여
쓰리랑 쓰리랑 쓰리랑이여
아리고 쓰라린 세상살이여

虎兎傳 · 3

토끼들의 구경꺼리가 생겼다.
온 산의 토끼들이 모조리 나와 함성을 질렀다.
시꺼먼 호랑이와 금빛 호랑이가 싸움이 붙었다.
아시다시피 호랑이 털은 값이 비싸다.
시꺼먼 호랑이도 금빛 호랑이도 제 털 값은 알고 있었다.

애꿎은 토끼들이 불려나갔다.
싸움 구경하다가 편이 갈렸다.
퇴로는 없으니 싸우다가 죽어라.
수많은 토끼들이 장렬하게 전사하였다.
골짜기가 피바다가 되어 토끼들의 무덤이 되었다.
그 피로 숲은 울창하게 자라서 호랑이굴이 되었다.

아리랑 아리랑 아리랑이여
쓰리랑 쓰리랑 쓰리랑이여
아리고 쓰라린 세상살이여

虎兎傳 · 4

　본래 호랑이는 시베리아에서 살다가 알라스카로 이사를 갔다.
　백두산에도 산 적이 있기는 하였으나 오래지는 않았다.
　사람이 되고파서 마늘과 쑥을 먹기도 하였으나
　애시당초 사람 되면 못 쓴다는 것도 알고 있었다.
　성질이 고약해서 고개 한 번 쳐들면 산하가 떨었다.

　본래 토끼는 정처 없이 떠도는 무리였다.
　어디든 머무는 곳이 고향이어서 탓할 곳이 없었다.
　용궁에 끌려갔다가 살아나와 재주를 뽐내기도 하였으나
　애시당초 간이라는 것은 몸속에 키우지 않는 존재였다.
　고약한 성질을 풀어낼 길이 없어 아예 잊고 살았다.

　호랑이와 토끼는 굶주린 것과 먹잇감으로 만났다.
　한 마리 호랑이가 토끼굴을 밤새 지켜준다 해도
　그것은 자신의 소중한 논밭을 지키는 것에 지나지 않았다.

　아리랑 아리랑 아리랑이여

쓰리랑 쓰리랑 쓰리랑이여
아리고 쓰라린 세상살이여

망민

백성들을 굶주리게 만드는 것이 가장 중요하다.
백성들이 너무 많으면 다스리는 자들도 위험에 빠진다.

처음에는 체면 때문에 빌어먹지도 못한다.
하루, 이틀, 사흘, 계속 먹잇감만 뺏어버리면
드디어 저들은 속이고, 훔치고, 뺏고, 싸우기 시작한다.

이즈음에 법을 발동시키면 세상은 적절하게 고요해진다.

죄수가 된 백성은 백성이 아니다.
스스로 죄를 지어 죄수가 된 백성들을 위해
하늘은 눈물을 흘리지 않는다.

그의 육아법은 모든 생명체에게 생존경쟁이 필요하다는 것.
그래도 죄수가 된 허망한 백성들은 그를 믿는다.

동문서답이야말로 만고의 진리이다

금방의 불

　금이빨들이 모여 떠들었다. 이빨이면 다 이빨이냐, 금이빨 아닌 것들은 사라져라. 금이빨들의 동굴, 금이빨들의 황홀한 밤, 반짝반짝 빛나는 별들의 밤, 금이빨들이 밤새 떠들다가 금이빨 닦으러 화장실 간 사이에, 이빨은 정말 싫어, 금이빨이 좋아, 이빨들이 몰려와 분신자살한, 금 파는 가게에 불이 났다.

강력한 그

내 작은 우주 안에서조차 나는 공포에 떱니다.
이 울타리 벗어나면 공포 이상이 됩니다.
내 마음대로 생각하고, 내 마음대로 말하고,
내 마음대로 돌아다니고, 내 마음대로 꿈을 꾸었으나,
나는 백일하에 노출되었습니다.
숨을 곳이 없습니다.
나만의 공간을 위하여,
혹은 나만의 비밀과 나만의 욕망을 위하여,
사방을 둘러보아도 숨을 곳이 없습니다.
누군가 보고 있습니다.

태어나면서부터 달아나도록 준비되어 있었지요.
달아날 줄 알아야 비로소 생명체입니다.
그런데 골목길이 모두 사라졌습니다.
아버지가 만들어놓은 토담 밑 굴헝도
어머니가 만들어놓은 울타리 개구멍도
누군가에게 이미 들켰습니다.
신을 초월한 정복자들이 마침내 혁명을 시작했습니다.

사사로운 인정은 꿈도 꾸지 마라.
인간적인 헛점은 기대도 하지 마라.
갈 곳 없는 들판에서 미친 듯이 웃습니다.

나는 포로입니다. 그의 하찮은 반찬거리입니다.
나는 노리개입니다. 그의 변함없는 일상입니다.
신에게는 있는 용서가 그에게는 없습니다.
자유를 위해 그를 만나고 싶습니다.

자나깨나 통일

연애 백년이었던 그와 그녀는 십년이나 함께 살았다.
그 사이에 아이도 둘이나 낳았으나, 그와 그 사이에
새로운 그와 새로운 그녀가 나타나는 바람에 헤어졌다.
떠난 그는 새로운 그녀와 행복하게 살고 있었고,
떠난 그녀 역시 새로운 그와 행복하게 살고 있었다.

다시 십년이나 세월이 흐르고 난 후에 문제가 생겼다.
두 아이들이 그와 그녀가 하나 되기를 바라는 것이었다.
철이 들고 배움이 늘수록 이 주장은 더 강력해졌다.
주변 친지들도 아이들의 주장에 동조하고 나섰다.
새로운 그와 새로운 그녀는 안중에도 없었다.

무조건 그와 그녀는 예전처럼 하나가 되어야 하고,
하나가 될 수 있고, 하나가 되게 되어있다는 것이다.
새로운 그와 새로운 그녀가 어떤 강력한 인물이든,
그와 그녀는 더 이상 남남이어선 안 된다는 것이다.
자나깨나 하나 되라, 꿈에도 소원은 통일이었다.

| 제4부 |

알춤달춤

강아지나라 · 2

강아지 한 마리가 절름거리며 길을 건넌다.
강아지 한 마리가 절름거리며 뒤를 따라간다.
강아지 두 마리가 앞서거니 뒤서거니
길을 건너서 인도를 지나서 골목길을 지나서
쓰레기통을 지나서 소방호스를 넘어서
버려진 빗자루를 돌아서 통나무를 돌아서
강아지 두 마리가 절름거리며 어디로 가고 있다.
똥 묻은 강아지가 앞서서 절름거린다.
오줌 저린 강아지가 뒤따라 절름거린다.
삼계탕집 앞을 지나서 보신탕집 앞을 지나서
애견센타를 지나서 동물병원을 지나서
강아지 두 마리가 절름거리며 가고 있다.
있을 성 싶지 않은 어디론가로 가고 있다.

꿀밤

밤 중에는 꿀밤이 가장 아프다.
꿀밤을 먹으며 꿀밤에 갇힌다.

밤꽃이 슬그렁 톱질 소리를 낸다.
바람이 지나가다가 허리를 잘린다.

밤은 비밀스러운 야합으로 밤답다.
어둠은 어두워서 강력한 우군이다.

신은 절대적으로 밤을 군림한다.
죄는 어둠이 준 신의 선물이다.

밤 중에는 꿀밤이 제일이다
꿀밤을 먹으며 꿀밤을 새운다.

기차

기차는 소리를 남기고 갔다.
기차가 가고난 후에 소리들이
기차 시늉을 하며 누워있다.

꽃잎은 꽃잎끼리

꽃잎은 꽃잎끼리 서로를 기억이나 할까
한 몸으로 피어 온갖 영화를 누리다가
한 몸에 매달려 평생을 팔랑팔랑대다가
시들어 지는 날 서로를 안타까워나 할까
꽃잎끼리 사이좋게 서로 묻고 묻히면서
지난날의 뜨거웠던 햇빛을 기억이나 할까.
지난날의 숱한 벌나비를 기억이나 할까.
지난날의 꿈같은 절정을 기억이나 할까.

본다

목마를 탈 때 본다. 팡팡을 탈 때 본다.
장미꽃밭에서 본다. 버스 안에서 본다.
전철간에서 본다. 보아도 보이지 않아 본다.
보일까 하여 본다.

옛날에는 도깨비가 있었다. 방망이 들고 막춤 추는.
옛날에는 선녀도 있었다. 날개옷 찾느라 평생을 보낸.
지금은 없는 전설.

밥을 먹으며 본다. 잠을 자며 본다.
보아도 보이지 않아 본다. 혹시나 보일까 하여
눈 부릅뜨고 그냥 본다.

감자밭

햇빛이 감자를 먹고 있다.
썩은 감자도 버리는 일이 없다.
썩은 감자를 먹는 햇빛의
가슴에서 썩은 냄새가 풍긴다.
감자밭의 뜨거운 그녀
햇빛보다 더 빨리 감자를 먹는다.
감자를 먹는 그녀의 가슴에
썩은 감자 냄새가 고인다.
그녀의 싱싱한 감자밭은
늘 뜨거운 햇빛과 싸움을 벌이며
그녀와 함께 시시각각 썩고 있다.

오월의 밤

밤은 소리이다.
어둠과 함께 터지는 소리이다.
내가 어머니를 열고 태어나는 순간
그 소리 내게로 왔다.
감미로운 어둠이 소리를 질렀다.
소리 없는 파도가 우주를 때렸다.
내 가슴은 아가미를 열고 팔딱였다.
죽음이 지워진 사전 속에서
그 어둠이 대신 소리를 지르며
오월의 밤은 살아온다.

알춤달춤

달밤에 알춤을 춘다.
하얀 달이 키득거린다.
요즘엔 알춤이 아니고 말춤이 대세야.
알춤을 추다가 앙알거린다.
말춤은 엊그제 말 타고 떠났는 걸.
하얀 달빛이 알몸에 꽂힌다.
달은 저격병, 나는 숨을 곳이 없다.
알춤을 추다가 알을 낳다가,
부끄러워, 저 달 부끄러워,
하얀 달밤에 달춤을 춘다.
달춤을 추다가 달을 낳는다.

첫닭 우는 소리

수도꼭지를 틀자 첫닭 우는 소리 들린다.
수도꼭지 꽉 틀어막아도 이제는 소용이 없다.
첫닭 우는 소리 점점 커진다.
날이 저물었는데 다시 일어나라 성화다.
집에 돌아왔는데 다시 출근하라 성화다.
귀를 막아보아도 소용이 없다.
머리통을 두드려 봐도 소용이 없다.
날마다 때마다 새벽이라고
자지 마라, 일하라, 가르치시는 닭님.

꽃의 꿈

얼굴 없는 꽃은 건강하다.
발이 없는 꽃은 영원하다.
꿈이 없는 꽃은 싱싱하다.

꽃의 얼굴은 꽃이다.
꽃의 발은 꽃이다.
꽃의 꿈은 꽃이다.

그대 얼굴이 꽃이었으면 한다.
그대 발이 꽃이었으면 한다.
그대 꿈이 꽃이었으면 한다.

꽃은 몸으로 아름다워.
그대의 장렬한 선언을 꽃은 다만 듣는다.

꽃이 되어라.
꽃이었으면 한다.

썩은 꽃

몸뚱이가 썩은 사람들은
썩은 물을 마셔도 병이 들지 않습니다.
꽃을 꺾는 데 이력이 난 사람들은
장미 가시에 찔려도 죽지 않습니다.
개똥밭에 굴러도 이승이 낫다는 사람들은
사람 똥보다 더 황홀한 개똥을 치우고 삽니다.
옳거나 그르거나, 선하거나 악하거나
별 다른 의미가 있겠습니까.
보란 듯이 살면 성공이지요.
그도 안 되면 보지 마라, 나는 나대로 산다지요.
이웃을 사랑합시다. 개새끼를 포함해서.

바람 부는 날 · 1

화를 내겠다고 하니 웃는다.
화는 내는 것이 아니라 터지는 것이라고 한다.
절대 터뜨리지 않겠다는 말이라고 한다.

꽃에 앉은 벌은 화를 내지 않는다.
벌을 향해 꽃 역시 화를 내지 않는다.

벌이 화를 내겠다고 하니 꽃이 빙그레 웃는다.
어디 한 번 터뜨려 봐, 찰라에 한 번 죽어 봐.
바람은 살랑살랑, 햇빛은 푹신푹신.

바람 부는 날 · 2

바람이 부는 날 바람을 쏘이러 갑니다.
세상에 가득한 바람을 뚫고 바람을 만나러 갑니다.

혹여 온전한 바람을 만나는 일이 있더라도
모세혈관을 뒤집어놓지 않는 한 바람이 아닙니다.

바람 같은 몸을 하고 바람 같은 꿈을 꾸면서
얼굴도 모르는 바람을 만나러 갑니다.

바람의 냄새를 구별할 수 있게 되기를 바라며
어느 특별한 바람이 온몸을 태워버리기를 바라며

바람이 부는 날 바람을 찾아 갑니다.
세상에 가득한 바람을 뚫고 바람이 되어 걸어갑니다.

당신의 칼

수를 꿈꾸세요.
미물들도 꿈틀거리는 욕망으로 세상을 삽니다.
입술 옹골지게 깨무세요. 차가운 복수의 칼 치켜드세요.
오만하기 짝이 없는 신을 분노케 하세요.

죽음보다 더한 절망도 신이 빚어낸 꽃입니다.
시퍼런 복수의 칼도 뽑으면 어느새 꽃이 됩니다.
참담한 절망도 눈감으면 금방 황홀한 꽃이 됩니다.
벌레의 꿈틀거리는 욕망도 아름다운 꽃입니다.

그의 가슴에 시퍼런 칼이 꽂히고,
그의 분노가 천 갈래 만 갈래로 찢어져도,
눈 감았다가 뜨면 송이송이 만발하는 꽃이 됩니다.
당신의 무서운 칼도 알고 보면 아름다운 꽃입니다.

몸을 떠나는 생각 · 1

안개 짙은 새벽에도 기차는 출발한다.
길이 있어 안전하다는 것이 하등동물의 상식이다.

왕이 왕 대접을 받지 못하는 것은 못해서가 아니라 안 하는 것이라.
길이 있어도 따라가기 싫은 것은 고등동물의 취미다.

몸을 따라가는 삶의 질서가 빛나는 날에도
정직한 생각을 따라갈 수 있는 몸은 없다.

몸을 떠나는 생각 · 2

물론 신에게는 죽어라 빌어도 안 되는 일이 있다.
당연히 사람에게 빌면 쉽사리 되는 일이다.

신은 일이 많아 바쁘시고,
사람은 할 일이 없어 한가하다.

참으로 어려운 일은 손쉬운 일을 인정하는 일이다.
그런 일은 가끔씩 한가한 사람들의 몫이었으면 싶다.

몸을 떠나는 생각 · 3

　기다리지 않아도 온다. 어떤 얼굴인지는 알 수 없다. 나는 그를 모르고 그 역시 나를 모른다. 모르는 사이에도 기다림은 성립한다. 다만, 그는 나를 하루살이보다 더 하찮게 생각할 수 있다. 나는 그에게 의미가 없다는 것이 나의 두려움이긴 하고, 그에게 없는 나의 의미로 나는 이만큼 독립적이기도 하다.

　내가 바라보는 모든 실체는 아름다운 허상이다. 눈 감으면 사라지는 것들에 나는 이름을 붙이지 않는다. 그 무명으로 나는 산다. 하여 눈 뜬 나는 눈이 없다. 없는 나의 눈, 그 눈으로 나는 매일 거짓말처럼 황홀한 그녀를 찾는다.

　기다리면 나비처럼 잠자리처럼 그녀는 온다. 하지만 나비도 잠자리도 그녀의 얼굴은 아니다. 설령 내가 유령처럼 그녀의 얼굴을 보고자 해도, 그녀는 우주의 기묘한 터널을 만들어 나를 관통한다. 무엇이 무엇이고, 누가 누구인지, 언제가 언제인지, 말하라 없는 입으로, 느껴라 사라진 가슴으로, 관통은 꿈이고 꽃의 심장이다.

몸을 떠나는 생각 · 4

바다로 간다던 그녀가 산에서 내려왔다.
이별을 해야만 비로소 제 얼굴을 드러낸다.
마음의 말보다 몸의 말을 아끼며 살다가
아무 데서나 생각지도 않은 꿈을 이룬다.

우리는 흔들리고만 사는 것이 아니다.
자연스럽게 서로를 속이며 서로에게 속는다.
꽃이 지고 난 후에도 아름다운 것은
내년에도 다시 아름답게 필 것이기 때문이다.

몸을 떠나는 생각 · 5

나비는 무슨 철학이 있어서 나비가 된 것이 아니다.
무슨 대단한 신앙이 있어서 훨훨 노니는 것이 아니다.

꽃이 무슨 신념이 있어서 이쁘게 피는 것이 아니다.
무슨 대단한 사유가 있어서 저렇게 향기로운 것이 아니다.

그대는 무슨 이유가 있어서 이 땅에 태어난 것이냐.
도대체 무슨 까닭이 그리도 커서 소리까지 큰 것이냐.

그대가 나비보다 위대하고 꽃보다 아름답다고 믿는 것이냐.
나비를 좋아하고 꽃을 사랑한다고 곧장 신이 되는 것이냐.

그대가 나비를 어찌지 못하고 꽃을 어찌지 못하는 것처럼
그대를 어떻게 할 수 있는 존재는 오직 그대뿐이다.

비와 나비의 관계, 바람과 꽃의 관계는 관계가 아니다.
비는 내리고, 바람은 불고, 나비는 날고, 꽃은 다만 피는 것이다.

나비는 나비를 찾아 헤매고, 꽃은 꽃을 찾아 떠돌고,
그대는 오직 그대의 그대를 찾아 이승을 헤맬 것이다.

|해설|

'꽃날'과 '칼잎'으로 자른 시 : '사이'의 유령들

백인덕 | 시인

1.

시적 발화는 특수한 제약 아래에서만 자격과 의미를 부여받는다. '모든 것이 가능하다'는 말은 역으로 '어느 것도 실행할 수 없다'는 상황을 함축한다. 일반적 정의로 보면, 앞의 가능성은 특정되지 않았으므로 잠재태일 뿐 구체적이고 직접적인 의미에서 가능태는 될 수 없다. 따라서 뒤의 실행으로 전환될 수 없다. 시적 상황으로 이해하면, 두 가지 측면에서 앞의 명제가 참으로 증명될 수 있다. 하나는 발화된 결과로서의 시가 언제나 발화자의 의도를 비껴가게 된다는 것이다. 기입과 해석의 간극이 넓은 모든 기호의 운명이 이와 같다. 다른 하나는 현대시의 특징으로서 야유나 슬로건을 포함해서 거의 모든 시적 발화가 의미의 관계망, 즉 해석의 장場안에서 단순히 하나의 기법으로 환원된다는 점이다. 두 경우 다, 시인의 본래 의미보다는 해석의 편의성, 효용성에 좌우된다는 문제가 드러난다.

장종권 시인의 이번 시집『호박꽃 나라』는 현대 시적 사유의 특징적 경향 중 하나인 '알레고리'에 기반 한 작품들로 구성되었다. 여기서는 알레고리란 다른 것을 말함이라는 어원적 의미에 충실하게 사용했다. 주지의 사실이지만, '다른 것을 말함'이라고 할 때 다른 것은 가령 작품의 표면에 등장하는 '꽃'이 사물로서의 꽃 자체를 의미하지 않는다는 것이지 그것이 다양한 의미로 해석될 수 있다는 것은 아니다. 기본적으로 알레고리의 이러한 일의성—意性이 교훈성, 나아가 현실비판을 담보할 수 있는 것이다. '꽃'과 '칼'이 이번 시집 도처에서 알레고리적으로 사용되고 있다는 점이 중요하다는 것이다.

전체 4부로 이루어진 이번 시집에서는 각 장마다 시인 내면에 깊게 웅크렸던 '유령'들이 독특한 명제적 진술을 쏟아내며 출몰한다. 비약이지만 이 유령들에 이름을 붙여보면 '자연-적응-분별-포섭'이라고 할 수 있다. 물론 이 유령들은 변신에 능숙하므로 여러 형상이나 양상으로 부분을 통해 전체를 짐작케 한다. 변명 하나를 덧붙이자면, 시인의 시력과 그간의 시적 성취를 염두에 둘 때 이번 시집의 구성적 특성에 따라 각 장의 특질을 살펴보는 것이 옳은 독법이 될 것이다. 하지만 유령들의 품계를 알 수 없는 필자로서는 구조적 안정감을 버리고 시인의 안내에 따라 각 장을 순차적으로 목도目睹하는 것으로 대신한다.

2.

우리가 알고 있는 것이, 아니 이미 알고 있다고 믿었던 것이 의미의 변동 없이 새로운 형상으로 다가올 때 우리는 생전 처음인 듯싶은 경악과 전율에 사로잡히게 된다. 자연은 '스스로 그렇하다', '본래 그것'이라는 축어적 의미를 갖는다. 이를 동사로 바꿔보면 '모든 것은 본래 그대로 돌아간다'로 의역할 수 있다. 말 그대로 자연스럽게 이해할 수 있다. 하지만 자연의 속성을 다시 한 번 정의해 보자. 자연은 무자비no-mercy하고, 기다려주지 않으며no-wait, 결코 후회하지 않는no-regret다. 이런 잔인성은 시인들에게 예찬만큼이나 강한 부정의 시를 쓰게 했다.

> 미래가 있거나 말거나, 꿈을 꾸거나 말거나,
> 바다가 놀거나 말거나, 갈매기가 지치거나 말거나,

그의 눈처럼 캐낸 생굴을 반찬 삼아 아침상을 차린다.
- 「생굴밥상」 부분

그래도 우리는 매일매일 가슴에서 밥을 꺼내네.
먹지 않으면 안 되는 밥은 먹어도 소용이 없는 밥이었네.

참말이지 보름달은 보름도 못산다네.
- 「요즘의 달」 부분

배춧잎에 배추벌레 일일이 잡아내던 시절도,
상추잎에 벌레길 이리저리 뜯어내던 시절도,
먹을 수 있을 때 먹는 것이 싱그러운 입맛이라.
알고 보면 아버지의 아버지 되는 가르침이었으니,
배추꽃이 다 지도록 텃밭을 버려두지는 말라는.
- 「아버지의 집」 부분

  앞 인용 작품들을 통해서 하나의 패턴을 읽어낼 수 있다. 그것은 '생굴'이 "갯펄에서 막 캐낸" 것이면서 '눈(살아있는 굴)'으로, '반달'이 하늘의 달이면서 계량적 시간으로서 반달이 되는 것, '고추꽃', '오이꽃', '가지꽃'이 지고나면 '고추 열매', '가지 열매', '오이 열매'가 맺히는 것 등이 '싱그러운 입맛'으로 바뀐다는 것이다. 이러한 변환은 이번 시집 전반에 걸쳐 사용되고 있는데, 이는 단순히 동음이의어를 사용해 시적 의미를 강화하려는 기법의 측면보다 더 깊은 전략

적 의도가 있는 것으로 보인다.

  장종권 시인이 폭압적으로 느끼는 자연은 말 그대로의 자연이 아니다. 그것은 일상의 행위로서 너무나 관습화된 그래서 자연이라고 느끼고 마는 우리의 행위들이다. '밥'을 먹는 행위는 생명유지라는 측면에서 지극히 정당하고 자연스럽게 느껴지지만, 그것이 하나의 의식儀式이 되었을 때 우리는 밥을 못 먹게 되면 어떻게 하나라는 걱정, 나아가 공포에 휩싸이게 된다. 즉 유령과 함께 허겁지겁 밥을 쫓아다니게 된다.

  자연이 아닌 것을 자연으로 믿게 되는 상황은 몸을 떠나 행위의 전반에 영향을 끼치게 된다. "소리는 소리마다 얼굴이 달라서/다만 없는 듯이 시늉하는 것"(「꽃의 비명」)이 오늘의 현상이다. 이것은 또한 "동문서답이 아름다운 이유는/그것이 답이라고 믿는 각자의 철학"(「강아지나라·1」)만을 횡행하게 한다. 만약 이 상황이 자연의 순리대로 진행됐다면, 다음의 시적 발화는 무의미한 동어반복으로 결코 그 울림을 갖지 못할 것이다.

> 소리도 죽을 줄을 알아야 다음 소리가 생명을 얻는다.
> 오래도록 살아있는 소리라야 말씀이 되는 것은 아니다.
> 사라진 소리가 다음 소리를 만들고
> 그 소리 죽어 다시 다음 소리를 만들어야
> 소리가 소리 되어 편안하고 아름다운 것이다.
>   -「소리 되는 소리」 부분

소리가 언어의 음성적 요소를 지칭하지 않는다는 것은 쉽게 짐작할 수 있다. 그렇다면 죽을줄 아는 소리, 자기의 죽음을 통해 '다음 소리가 생명을 얻'게 하는 소리는 어떤 소리인가? 시인은 작품 「을왕리」의 각주에서 "성한 것의 출발은 미세한 꿈틀거림으로부터이다"라는 명제를 보여준다.

> 모두에게 실존인 사춘기가 그녀에겐 아직 미지의 세계이다.
> 본능은 뱀처럼 혀를 날름거리며 그녀를 삼키겠지만
> 그녀의 온몸에 불을 지르고 종내는 태워버리겠지만
> 그녀는 아직 양수에 잔뜩 젖어있는 습지의 싹이다.
> 사춘기가 신앙인 종교의 신념으로는
> 사춘기가 아닌 그녀를 절대로 정복하지 못한다.
> 사춘기가 아닌 그녀에게 사춘기인 내가 오늘
> 맨발로 쫓아가며 하늘을 가린다. 나를 가린다.
> 어둠 속에서도 너를 볼 수 있다.
> 어둠 속에 나를 감추고 너의 얼굴 본다. 부끄러워.
> ―「호박꽃 나라·6」 부분

시인은 기억의 기능, 역할에 대해서도 하나의 명제를 들려준다. "사랑하는 일이 반성하는 일보다 많아야 한다는/사는 일도 죽은 일도 대충은 아름다워야 한다"(「기억의 기차」)고 말이다. 하지만 기억은 '미세한 꿈틀거림'이 되기에는 너무 강하다. 그것은 미지가 아니라 기지既知에서 형성되는 것이기 때문이다. "모두에게 실존인 사춘기가 그녀에겐 미지의 세계"라는 한 행에서 '그녀'가 '종교의 신념'으로 정복할 수 없는 자연의 다른 이름임을 유추할 수 있다. 이 자연이 유령처럼 시인의 곁에 있는 것은 '사춘기가 아닌 그녀/사춘기인 나'의 대비를 통해 드러나는 나의 어둠, 즉 부자연스러움 속에 자연스럽게 녹아들어 있는 시인 자기에 대한 부끄러운 자기 인식 때문일 것이다.

진화론을 굳이 떠올리지 않더라도 적응이 얼마나 유용한 생존전략인지는 새삼 강조할 필요가 없다. 모든 생명이 자기 보존과 종족 보존이라는 본능에 사로잡혀 있다면, 왜 적응이 하나의 유령이 되어 우리를 괴롭히는 것일까?

비가 내리면 새들은 잠을 잔다.
이런 날 사냥을 나가면 날개를 다치기 십상이다.
벌레들도 모조리 깊숙이 숨어들어 찾을 길이 없다.
비가 길어지면 어린 새끼들은 허기에 지쳐 까무러치기도 한다.
젖은 나뭇잎, 젖은 나무껍질, 씹을 수만 있다면 조금은 낫다.
공치는 날의 서러움은 잠이 들어도 악몽이 된다.

비가 개어도 새들은 아픈 잠을 자야 한다.
아무리 돌아다녀도 벌레들은 보이지 않는다.
푸릇한 나무를 위해 사람들은 끊임없이 약을 쳐대고,

벌레들은 씨가 말라 사라진지 오래이다.
하늘은 맑고, 바람은 신선하고, 숲은 싱싱하다.
지친 날개 오무리고 잠이 든 새들만이 참담하다.
　　　　　　－「새들은 언제나 아픈 잠을 잔다」 전문

　장종권 시인은 새들이 아픈 잠을 자야만 하는 이유를 두 개의 원인으로 분리해서 보여준다. 하나는 '비'라는 자연현상이고, 다른 하나는 '약'이라는 인간적 행위다. 이러한 대비는 적응의 비정성非情性을 극대화하면서 동시에 인간적 행위에 대한 반성의 필요성을 환기한다. 어쩌면 시인이 꿈꾸는 시간이란 "사춘기 아닌 봄은 없고 봄이 아닌 계절도 없다./누구나 사춘기이며 일년 내내 꽃 피는 봄"(「봄의 나라·1」)이고, 그의 적응이란 순간순간이 "눈에 보이지 않게 돌아다니며 나뭇가지를 만진다.(중략)/찾으려면 없다. 만지려면 없다. 소리도 없다./없는 그가 눈을, 코를, 귀를, 자꾸 만지고 다"니는 것처럼 무의지적으로 말 그대로 자연스럽게 찾아오고 또 녹아들어야 하는 것이다.
　하지만 일상으로 대표되는 우리의 적응은 무의지, 무의식을 자연이 아니라 부자연스러운 것 자체로 완벽하게 구현하면서 그 미망迷妄에서 벗어날 줄 모른다. 시인의 알레고리 수법과 정신이 잘 드러난 다음 작품은 이를 잘 보여준다.

또 다른 사람이 나는 다르겠지.
　　그 옆집에 냉면집을 또 내어본다.
　　마찬가지이다. 문 앞이 깨끗하다.
　　약이 올라 주인도 줄 끝에 붙어서 냉면을 시켜본다.
　　이게 웬 맛이냐. 지랄 같네. 그의 생각이다.
　　개점 때보다 한참이나 못한 냉면 맛이지만
　　그 집 앞에는 오늘도 기다란 줄이 서 있다.
　　이 동네 입맛이 되어버린 까닭 때문이다
　　　　　　　　　　　　　　　　-「베스트 셀러」부분

　우리는 무섭도록 한 가지 만을 기억하려 애쓴다. "이 동네의 입맛"이 되어버린 최초의 냉면집. 그것을 자연스럽다고 받아들이는 것이다. 작품의 이야기를 따라가 보면, 처음의 냉면집이 성공한 이유는 그것이 최신이거나 아니면 낯설었기 때문이었다. 하지만 이러한 것들은 다음과 그 다음 냉면집의 실패를 설명해주지 않는다. 시인이 보여주는 것은 다만, 이러한 우리의 적응이 완전히 비자연적이며 그 어떤 본래와도 연결되어 있지 않다는 것이다.

　　어머니 나라의 순이가 순이가 아니었으면
　　아버지 나라의 철이가 철이가 아니었으면
　　이 나라에는 개나리꽃도 봉숭아꽃도 진달래꽃도
　　씨 뿌리지 못했다. 영영 피지도 못했다.
　　　　　　　　　　　　　　　　-「봄의 나라·3」부분

제아무리 춘추필법이어도 피는 물보다 진하고 팔은 안으로 굽는다. 역사는 歷史가 아니고 歷事이다. 역사는 기록으로 남는 것마다 재미있는 이야기이며, 그 이야기는 앞으로도 재미있게 계속될 것이다.
-「歷史는 歷事」 부분

이번 시집을 통해 확인하게 된 장종권 시인의 시어사용의 특징 하나는 시어의 본래 의미에 덧붙여 어조를 강하게 함으로써 오히려 반어적 느낌을 생성해내고 있다는 점이다. 이는 시인이 완강하게 긍정적인 세계관을 견지하고 있고, 이 글과 관련해서는 '자연스러운 적응'을 결코 부정하지 않는다는 것을 반증한다.

3.
　분별은 분리와 다르다. 전체를 부분들로 나눠 진열하는 것이 분리라면, 분별은 분리하면 그 자체가 소멸될 수밖에 없는 상태를 부분들로 환원시켜버리는 것을 뜻한다. 나의 사지四肢는 나의 일부분이지만 나와 분별될 수 없는 까닭이 여기에 있다. 장종권 시인은 이번 시집의 세 번째 유령으로서 분별, 아니 끊임없이 무엇이든 갈라 세우려는 우리의 이기심과 어리석음을 등장시킨다.

애시당초 태생이 좋은 경우가 많다는 것이다. 그래서 혈통 관리에 주의를 해야 한다는 것이다. 혈통이 없는 것은 특별히 더 잔인해진다는 것이다. 전사가 되기 위해 꼬리를 자른다는 것이다. 다른 존재들을 인정하지 않는다는 것이다. 사냥감을 보면 결사적으로 덤빈다는 것이다. 한 번 물면 죽을 때까지 놓지 않는다는 것이다. 먹이를 챙겨주는 주인에게만 충성한다는 것이다. 굶주림이 가장 큰 공포라는 것이다. 주인 외에는 누구의 말도 듣지 않는다는 것이다. 사냥 이외에는 할 일이 전혀 없다는 것이다. 자기 생각이란 썩은 똥 속에 묻어 둔 지 오래라는 것이다. 팔팔해야 먹이라도 얻어먹을 수가 있다는 것이다. 배가 고프면 언젠가는 주인을 물기도 한다는 것이다. 쓸모가 없어지면 보신탕이 되기도 한다는 것이다. 한마디로 꼬리를 아무리 잘라도 개일 뿐이라는 것이다..

-「사냥개」전문

  분별의 조건과 기준에 대해 이 작품은 '사냥개'라는 상징을 통해 '혈통과 관리'로 요약되는 음험한 사태를 그대로 보여준다. 더불어 "굶주림이 가장 큰 공포라는 것이다. 주인 외에는 누구의 말도 듣지 않는다. 사냥 이외에는 할 일이 전혀 없다는 것이다. 자기 생각이란 썩은 똥 속에 묻어 둔지 오래라는 것이다"라는 구절을 통해 분별된 자의 비참한 실상을 확인시켜 준다. 그런데 한 가지 의문은 이 작품은 분별된 자를 그리고 있을 뿐, 분별하는 자에 대한 암시나 표면적 언급은 드러나지 않는다. 가령, "철새는 언젠가는 떠나야할 입장이니 그렇다. 텃새가 되려면 천 년을 숲에서 머물러야 한다. 같은 벌레를 잡아먹고 같은 풀잎 이슬을 마시고 서로의 냄새와 색깔과 목소리가 비슷해져야 한다. 그러나 이것들은 쉽사리 바꾸어지는 것이 아니다."(「텃새」)라고 '철새/텃새'를 확실하게 구분 짓는 표지가 「사냥개」에서는 드러나지 않는다. 아마도 '사냥개'와 '텃새'의 생존 조건에 따른 분별이 작용했기 때문인지도 모른다. 이 또한 서둘러 결론에 다가서자면, 인간적 행위의 유무에 따른 질적 특성의 차이에서 비롯된 것으로 보인다. 그렇지 않은가. 사냥을 행하되 타자의 개입에 의해 굶주려야 하는 사냥개와 사냥의 성패에 따라 굶주려야 하는 텃새의 처지가 같을 수 있는가? 나아가 자기 공간의 주인으로서의 텃새와 자기 상실의 아이콘으로서의 사냥개가 같을 수는 없지 않은가? 이 무리해 보이는 비유가 지금 이 순간 우리의 현실에서 자행되고 있다면?

　장종권 시인은 알레고리 수법으로 덧쒸운 비극적 세계 인식 아래 다음과 같은 명제를 슬며시 보여준다. "생명체의 생명력은 답 없이 위대하다"(「혼자여」)라고. 그러나 이 명제는 곧 한 편의 절절한 노래가 된다.

　　　　　　　　　　　　　……잡초들이여,
두엄에서 피는 화려한 장미꽃도, 진흙 속에서 솟는 신성한 연꽃도, 꿈이겠느냐, 꿈이 될 수 있겠느냐. 달콤한 잠을 이룰 수 없는 밤에 황홀한 꿈 대신 가위에 눌리며, 손에 쥔 것이 없는, 쥘 것도 없는, 이 가난하고 지난한 혼자여.
　　　　　　　　　　　　　　　　　-「혼자여」부분

　시인이 부르는 '잡초'와 '장미꽃'과 '연꽃'의 대비에 주목해야 한다. 잡초의 집단성과 장미, 연꽃의 개별성이 충돌하게 되리라는 것은 쉽게 짐작할 수 있다. 나아가 '무수히 일어서는'으로 수식되는 잡초와 '화려한', '신성한'으로 수식되는 장미, 연꽃의 대비도 선명하다. '무수히'를 한자어 '중重'으로 읽으면 이는 되풀이(거듭)가 된다. 시인은 "몸을 따라가는 삶의 질서가 빛나는 날에도/정직한 생각을 따라갈 수 있는 몸이 없다."(「몸을 떠나는 생각·1」)고 한탄한다. 시인은 정신과 육체의 갈등을 벗어나 어느 지점쯤 몸과 생각의 포섭包攝을 내심 바라며 기획하고 있다. 이 기획은 하나의 질문, 즉 깨달음에서 시작한다.

　　나비는 무슨 철학이 있어서 나비가 된 것이 아니다.
　　무슨 대단한 신앙이 있어서 훨훨 노니는 것이 아니다.

　　꽃이 무슨 신념이 있어서 이쁘게 피는 것이 아니다.
　　무슨 대단한 사유가 있어서 저렇게 향기로운 것이 아니다.
　　　　　　　　　　　　　　　-「몸을 떠나는 생각·5」부분

이번 시집에서 출몰하는 네 유령에게 '자연-적응-분별-포섭'이라는 이름을 붙여 보았다. 유령에게 유령이라는 이름 외에 어떤 호칭이 더 필요할 것인가? 게다가 실재하는 물과 바람도 뜻대로 가를 수 없는데, '시'라는 반사경에만 언뜻 비치는 유령을 구분할 수 있는가? 결국 주목하게 되는 것은 '사이'일 뿐이다.

> 꽃잎은 꽃잎끼리 서로를 기억이나 할까
> 한 몸으로 피어 온갖 영화를 누리다가
> 한 몸에 매달려 평생을 팔랑팔랑대다가
> 시들어 지는 날 서로를 안타까워나 할까
> 꽃잎끼리 사이좋게 서로 묻고 묻히면서
> 지난날의 뜨거웠던 햇빛을 기억이나 할까.
> 지난날의 숱한 벌나비를 기억이나 할까.
> 지난날의 꿈같은 절정을 기억이나 할까.
> —「꽃잎은 꽃잎끼리」 전문

상상할 수 있는 만큼의 수많은 '사이'가 존재한다. '-끼리'도 결국은 '사이'의 다른 측면일 뿐이다. 시인과 작품 사이, 작품과 독자 사이, 작품과 해석 사이, 독자와 시인 사이, 시인과 해설 사이, 하늘과 땅 사이만큼 아니, 그 보다 적어도 더 아름답게 하나의 '끼리'가 될 수 있는 '사이'가 있다. 하늘과 땅과 결국 우주이면서 우주가 되는 것처럼 장종권 시인의 이번 시집도 또한 그러하리라. 그 기억이 오래 남아 '칼 같은 꽃'을 피우리라.